Armin Täubner

Mäuse-winter

Fensterbilder aus Tonkarton

frechverlag

Im Frech-Verlag sind von Armin Täubner weitere Bücher zum Thema „Basteln mit Tonkarton" erschienen:

TOPP 1808

TOPP 1830

TOPP 1782

TOPP 1707

Fotos: frechverlag GmbH + Co. Druck KG, 70499 Stuttgart; Birgitt Gutermuth

Auflage: 5. 4. 3. 2. 1. | Letzte Zahlen
Jahr: 1998 97 96 95 94 | maßgebend

frechverlag GmbH + Co. Druck KG, 70499 Stuttgart

ISBN 3-7724-1840-6 · Best.-Nr. 1840

Druck: frechverlag GmbH + Co. Druck KG, 70499 Stuttgart

Auch bei den Mäusen steht nun der Winter vor der Tür. Deshalb sammeln sie eifrig Brennholz, horten Nüsse und Eicheln oder treffen Vorbereitungen für Advent und Weihnachten.

Daneben bleibt auch noch viel Zeit für anderes: Skifahren, Lebkuchen naschen, ein Nickerchen im Adventskranz... und besonders fasziniert sind die kleinen grauen Kerlchen von Kerzen und Streichhölzern!

Ob das wohl gut geht? Schließlich sollte man neben einer brennenden Kerze nicht gerade einschlafen...

Schritt-für-Schritt-Anleitung

1 Übertragen Sie alle Motivteile ohne Überschneidungen auf Transparent- oder Butterbrotpapier, das Sie anschließend auf einen dünnen Karton kleben.

2 Dann werden die Teile ganz exakt mit einer Schere oder einem Cutter ausgeschnitten.
Wenn Sie mit dem Cutter arbeiten, müssen Sie eine Schneideunterlage verwenden.

3 Legen Sie die Schablonen auf den Tonkarton der gewünschten Farbe. Die Umrisse werden sorgfältig mit einem feinen Bleistift nachgezogen, dann schneiden Sie die einzelnen Teile aus.

4 Zum Schluß kleben Sie Ihr Motiv zusammen – die Vorlage und das Foto geben Ihnen Positionierungshilfen.
Wenn Sie möchten, können Sie Ihr Fensterbild auch noch plustern.

Knabber-
spaß

Auch Mäuse sind sportlich!

Den Tannenbaum auf den weißen Rahmen kleben.

Am Mäusekopf bringen Sie die Ohren an und malen das Gesicht auf.

Die Hinterbeine werden auf die Skier geklebt und die grünen Befestigungsbänder angebracht.

Nun befestigen Sie die Hinter- und Vorderbeine am Rumpf.

Schal und Skistöcke ankleben und die Maus auf die Schneefläche stellen.

Mit weißer Plusterfarbe wird der Schnee gestaltet, der rote Schal wird ebenfalls geplustert.

Zündel-mäuschen

In der Schneehöhle die braune Bodenfläche fixieren.
Auf die braune Streichholzschachtel kleben Sie das gelbe Viereck (durchgezogene Linie).
Zeichnen Sie die schwarzen Linien auf das weiße Innenteil, und befestigen Sie es samt dem Streichholz von hinten an der braunen Schachtel.
An den Mäuseköpfen die Ohren fixieren und die Gesichter aufmalen.
Anschließend die Schals und die Vorderbeine anbringen.
Bei der stehenden Maus kleben Sie die Hinterbeine an, bei der sitzenden Maus trennen Sie die Hinterbeine mit einer schwarzen Linie ab.
Die eine Maus wird auf die Streichholzschachtel gesetzt, die andere zieht das letzte Streichholz heraus.

Überarbeiten Sie zuletzt die Schals und die Konturen der Schneehöhle mit Plusterfarbe.

Adventsstimmung

An der Kerze von hinten Kerzenschein und -halter fixieren.
Von vorne die Flamme und den Docht befestigen.
Die Kerze wird auf den Zweig geklebt.

Am Mäusekörper bringen Sie Ohren und Vorderbein an.
Nun das Gesicht und die Trennlinien aufmalen.

Die Maus nimmt mit dem Lebkuchenherz neben der Kerze auf dem Zweig Platz.

Ein Sack voller Überraschungen

Kleben Sie das Ohr auf die Mütze (gestrichelte Linie), darüber dann den Mützensaum (Strich-Punkt-Linie).

Der Maus die Mütze aufsetzen und das Gesicht aufmalen.

Nun die Hinterbeine und anschließend das grüne Hemd am Rumpf befestigen.

Die Pfote wird von hinten am Ärmel fixiert.

Sack und Ärmel kleben Sie zum Schluß am Hemd an.

Malen Sie mit Filzstift und Plusterfarbe noch einige Verzierungen auf.

Zum Anbeißen!

Kleben Sie den zweiteiligen Lebkuchenstern zusammen.

Nun stecken Sie den Hals der Maus durch das Loch im Lebkuchen und fixieren ihn.

Danach bringen Sie die beiden Pfoten an.

Am Kopfteil befestigen Sie die Ohren und malen das Gesicht auf.

Den Kopf kleben Sie auf den Hals bzw. auf den Lebkuchen.

Setzen Sie mit Plusterfarbe noch einige süße Akzente.

Auch Mäuse mögen's warm!

Auf der weißen Schneefläche (durchgezogene Linie) werden die beiden Pfosten und anschließend der Holzstapel (gestrichelte Linie) befestigt. Die beiden Pfosten erhalten Schneehauben.
Auf den Holzstapel legen Sie kleinere Schneeflächen (gepunktete Linien).
Mit Filzstift malen Sie dann die Schnittflächen und den Verlauf der Rinde auf.

Am Mäusekopf die Ohren ankleben und das Gesicht sowie die Trennlinien einzeichnen. Kleben Sie Schal und Beine am Mäuserumpf an, und fixieren Sie drei Holzscheite von hinten am Vorderbein der Maus.

Die Maus stellen Sie vor den Holzstapel in den Schnee. Dieser wird am besten weiß geplustert.

Mäuse-fackel

Am Mäusekörper zuerst den Schal, dann die Ohren ankleben. Danach malen Sie das Gesicht auf. Die Hinterbeine anbringen.

Die Streichholzspitze schwarz anmalen und die Kanten aufzeichnen. Von hinten wird dann die zweifarbige Flamme fixiert.

Nun das rechte Vorderbein am Rumpf befestigen. Das Streichholz und das separate Pfotenteil kleben Sie an dieses Vorderbein. Anschließend wird das linke Vorderbein angebracht. Malen Sie die Trennlinien der beiden Beine auf.

Plustern Sie den Schal und die Flammenkonturen des Streichholzes.

Weih-nachts-geschenke

Am Mäusekörper die Ohren und das linke Vorderbein fixieren.

Anschließend malen Sie das Gesicht auf.

Beim Tannenzweig die Mitte mit Filzstift dunkelgrün anmalen und evtl. die Ränder als Tannennadeln einschneiden.

Der Zweig wird auf die Mäuseschulter geklebt und mit Eicheln und Plustergirlanden geschmückt.

Nickerchen im Adventskranz

Den Adventskranz mit der Schleife und den zweiteiligen Lebkuchen schmücken.

Am Mäusekopf bringen Sie die Ohren an und malen das Gesicht auf.

Nun den Schal, das Vorderbein und dahinter den angeknabberten Lebkuchen befestigen.

Die Maus wird zum Schluß in den Adventskranz geklebt.

Überarbeiten Sie das Fensterbild mit Plusterfarben.

Der Vorrat wird ergänzt

Auf die Holzkiste den Verlauf der Bretter und die Holzmaserung aufmalen.
Von hinten werden anschließend zwei Eicheln befestigt.

Am Mäusekopf kleben Sie die Ohren an und malen das Gesicht auf.
Den Schal und die Beine am Mäuserumpf anbringen und die dritte Eichel an der Vorderpfote der Maus befestigen.

Auf der Schneefläche den Schlitten und die Maus anordnen und die Holzkiste auf den Schlitten stellen.

Plustern Sie Schnee und Schal.

Leckerer Baumschmuck

Den Tannenbaum auf die Schneefläche kleben und mit Eicheln und Beeren schmücken.

Am Mäusekopf kleben Sie die Ohren an und malen das Gesicht auf.
Nun befestigen Sie den Schal, die Hinterbeine und das Vorderbein am Mäuserumpf.
Geben Sie der Maus eine Eichel in die Pfote.

Zum Schluß stellen Sie die Maus vor den geschmückten Weihnachtsbaum und setzen mit Pluster-Pen zusätzliche Akzente.

Puste-Wett-bewerb

Auf das Schneeteil kleben Sie die Bodenfläche und darauf die Kerze. Die Flamme hinter dem Docht anbringen.

Bei den Mäusen werden zuerst die Ohren, dann die Schals und die Hinterbeine befestigt.
Anschließend fixieren Sie die Vorderbeine und kleben die Mäuse auf die Bodenfläche.
Malen Sie Gesichter und Trennlinien auf.

Die Schals plustern Sie auf, einige Konturen werden umrahmt.

Wenn das mal gut geht!

An der Kerze von hinten den Kerzenschein befestigen.
Von vorne werden Flamme und Docht fixiert.
Die Kerze stellen Sie auf die blaue Bodenfläche.

Kleben Sie bei der Maus Ohren und Schal an, und malen Sie das Gesicht auf.
Die Hinterbeine werden anschließend mit einer schwarzen Linie abgetrennt.

Die zweiteiligen Nüsse zusammenkleben. Eine Nuß legen Sie in den Schoß der schlafenden Maus, die beiden anderen kleben Sie auf die Bodenfläche.
Zum Schluß befestigen Sie das Vorderbein.

Mit Pluster-Pen geben Sie dem Bild noch einige Akzente.

Advent, Advent, ein Lichtlein brennt...

Abbildung Umschlag-Rückseite

Das Wurzelhaus auf die dunkelbraune Bodenfläche kleben und anschließend die Schneeflächen anbringen.

Mit einem Tuschefüller malen Sie die Holzmaserung auf.

An der Kerze von hinten den Schein, von vorne Flamme und Docht fixieren.

Die Ohren an den Mäusekörpern ankleben und Gesichter und Trennlinien aufmalen.

Befestigen Sie dann den Schal und die Vorderbeine.

Die Kerze und die Mäuse auf der Bodenfläche fixieren.

Konturen und Schal können Sie plustern.